JEAN LÉGARÉ

DE MAGNY (Nièvre)

EXTRAIT DES MÉMOIRES DE LA SOCIÉTÉ ACADÉMIQUE DU NIVERNAIS

Deuxième Série, Tome II, Janvier 1910

UN VOLONTAIRE DE 93

JEAN LÉGARÉ

DE MAGNY (Nièvre)

PAR

Paul CORNU

NEVERS
IMPRIMERIE DE LA TRIBUNE, AVENUE DE LA GARE, 32
MCMX

Je vous prie de me faire Réponse tout de suite
et me donner des nouvelles sur mon frère qui son
alarmée vous m'y ferai plaisir; je vous prie sur tout
cher père mes très humble hommage
flechüé la, je vous prie; et lui présenté, en
pour moi, à ma chère mère, frère et Sœurs,
parents et amis particulièrement à tous Ceux
qui me feront l'honneur de s'informer de moi
je leurs Souhaitte de tous mon cœur
une bonne Santé

Rien autre chose à vous marquan je
represent je finis en vous embrassant ten
Du plus profond de mon cœur et je Suis
pour la vie Votre fils;

Jean Legarré
Soldat

Voici mon adresse
au citoyen Legarré Soldat a la 7e
Compagnie; du 3me Bataillon de la 24eme
½ Brigade d'infanterie de ligne la garnison
a Milan; Armée d'Italie

UN VOLONTAIRE DE 93

Jean Légaré, de Magny (Nièvre) [1]

Jean Légaré, fils de Marin Légaré, aubergiste « à la Croix-Blanche », et de Marguerite Bondon, naquit à Magny (Nièvre), le 2 août 1775 (2).

Il avait dix-huit ans lorsque, imitant son frère aîné Michel, qui s'était enrôlé le 23 août 1791 (3), il entra au service comme volontaire à la 3e demi-brigade d'infanterie. C'était, dit son signalement, un grand garçon de cinq pieds deux pouces, aux cheveux et sourcils châtains, aux yeux gris, au nez épaté, avec une grande bouche dans un visage long marqué de petite vérole (4).

Lorsqu'il rejoignit son corps, le 14 mai 1793, celui-ci faisait partie de l'armée des Vosges et venait de subir à Rixheim une importante défaite. Journellement des recrues arrivaient. Mais l'apprentissage de la guerre, alors, se faisait sur les champs de bataille. Le 28 juin, la 3e demi-brigade rentrait dans les lignes ennemies à Wissembourg ; en novembre, placée à l'avant-garde de l'armée, sous les ordres de Desaix, elle contribuait à débloquer

(1) J'ai été particulièrement aidé dans mes recherches par notre collègue M. Goujour, instituteur à Magny, qui a bien voulu dépouiller pour moi les registres de l'Etat civil et des Délibérations municipales de la commune, et à qui j'adresse tous mes remerciements.

J'ai utilisé notamment : MANUSCRITS : Armée d'Orient, Registre contenant les noms des hommes morts pendant la campagne d'Egypte *(Arch. adm. Guerre)*. — E. Sage, Historique du 85e régiment d'infanterie *(Arch. histor. Guerre)*. — Amiot, Historique du 24e régiment d'infanterie *(Ibid.)*. — Contrôles des 3e, 5e, 24e et 85e demi-brigades *(Archives adm.)*. — IMPRIMÉS : La Jonquière, La Campagne de l'Armée d'Egypte ; Paris, 1909 ; 6 vol. in-8° — Lt M. Bourgue, Historique du 3e régiment d'infanterie ; Paris, 1894 ; in-8°. — Deniau, Historique du 5e régiment d'infanterie de ligne ; Caen, 1890 ; in-8°. — Ct Amiot, Historique du 24e régiment d'infanterie ; Paris, 1893 ; in-8°. — Colonel Robert, Historique du 85e régiment d'infanterie ; Paris, 1869 ; in-16.

(2) Reg. Etat civil de Magny.

(3) Reg. Délibérations municipales de Magny.

(4) Contrôles de la 3e demi-brigade.

Landau et peu après prenait ses cantonnements d'hiver à Klein et à Schifferstadt.

Les opérations recommencèrent en mai et furent poussées jusqu'en juillet. A cette date, l'ennemi ayant été rejeté au-delà du Rhin, l'armée fut réorganisée. A partir du 19 juillet 1794, le 1er bataillon de la 31e demi-brigade — celui de Légaré — passa à la 5e demi-brigade de bataille. Celle-ci, le 20 septembre, subit à Eselsfurth de telles pertes qu'elle dut se rendre et fut reléguée en arrière de la division du Bas-Rhin.

Au commencement de l'année suivante, elle fut agglomérée avec la 20e demi-brigade pour constituer la 24e demi-brigade d'infanterie de ligne et fit partie de l'armée de Rhin et Moselle. Jean Légaré suivit son sort : il appartenait, depuis le 17 février 1796, à la 1re compagnie du 3e bataillon et put, à ce titre, prendre part aux affaires de Frankental (13 juin), du passage du Lech (24 août), de Mindelheim et Memmingen (septembre) et peut-être à la célèbre défense d'Huningue. Des combats se livraient encore autour de Diersheim quand, le 18 août, l'armistice de Leoben vint suspendre les hostilités (1).

La 24e demi-brigade avait pris ses cantonnements à Rheinau; à la fin de septembre, elle reçut l'ordre de se transporter en Italie où Bonaparte achevait une célèbre campagne. Le 30 octobre, elle entrait à Milan. C'est de cette ville que, quinze jours après, Jean Légaré écrivait à ses parents la lettre suivante (2) :

> « *Aux citoyen Mité, demeurant â*
> *Magnie, près de Nevers,*
> *département de la Nièvre,*
> *pour remettre au citoyen Marin*
> *Légaré, â Magnie et à Magnie.*

« Italie, Milan, ce 25 Brumaire l'an 6me de la République francaisse et l'an 1797 [15 novembre].

« Mon très cher père et ma très cher mère,

« Je vous écris cette présante pour avoir le plaisir de recevoir

---

(1) Contrôles de la 24e demi-brigade.

(2) J'ai trouvé cette lettre parmi les papiers qui constituent les archives de ma famille maternelle. A la fin de l'ancien régime, les Légaré étaient constitués en communauté agricole, issue de la communauté plus ancienne des Mourachons; les documents qui les concernent remontent jusqu'à la fin du XVe siècle. J'espère en tirer parti un jour pour retracer l'histoire

de vos cher nouvelles et comme vat l'état de vottre santé ; pour
ce qui aist de la miene, elle aist asé bonne pour se présant ; je
souhaitte de tous mon cœur que la présante vous trouvé de
même. Je vous diré (cher père) que après une marche considérable, nous somme arrivé à Milan en Itallie ; nous faissons le
service de cette place, qui est considérable ; Milan aist une très
grande ville, asé jolie ; dans cette ville, siège le gouvernement de
la République cisalpine ; elle ast sest troupe qui font le service
avec nous et en outtre une légion de polonais, qu'éle ast à son
service.

Nian pas longtemps que cette république a eus lieux ; ce n'est
que depuis que Bonaparte avec son armée c'est rendus maittre
de l'Italie. Ille paraisse fort contans d'avoir une république. Ille
ont plantée des arbres de libertée, avec des bonet au dessus ; leur
cocarde aist à peu près comme lai nottre, ci ce n'est que au lieux
dessus c'est du vert qu'ille ont dans leurs cocarde ; leurs soldast
porte l'habit vert ; leur hussard sont richement parée, car seur
leurs mantaux ille porte un galon en argent qui aist de la lar-
geur de quatre doit ; pour entrer dans ce corps, ille faut avoir au
moins 7 livre a dépanser par jour.

« Vous n'ignoré pas que la paix ais difinitivemen faitte avec
l'empereur ; ille ne nous reste plus d'enemi que l'Angletère ; je
croit que ci l'Anglois ne fais pas la paix que l'on va embarquer
trois cent mille homme pour faire une descente en Angletérre.

« Voilas ce que je vous puis marquer de nouveaux. Je vous
prie de mi faire réponse tous de suitte et ini donner dais nouvelle de mest frère qui son à l'armée. Vous mi feré plaisir ; je
vous présente, cher pere, mest très humble hommage. Recevé
lais je vous prie, et lais presenté en pour moi, à ma cher mère,
frère et sœur, parain et ami, particulierement à tous ceux qui

---

de cette famille de paysans. N. le docteur Turpin vient de publier dans le *Bulletin des
Sciences économiques* et va étendre pour le *Bulletin de la Société Nivernaise* une excel-
lente étude sur les communautés agricoles de Magny.

La lettre de Jean Légaré est écrite sur trois feuilles de papier de 175^{mm} $\times$ 26^{mm}, la
quatrième formant enveloppe et portant avec l'adresse les traces du cachet de cire rouge.
L'encre a beaucoup pâli. L'écriture est grande, irrégulière. La situation des parents de Jean
Légaré donne à penser qu'il a dû aller à l'école et a par conséquent pu écrire sa lettre lui-
même.

mis feront l'honneur de s'informer de moi ; je leur souhaitte de tous mon cœur une bonne santée.

« Rien autre chosse à vous marqué pour se présant. Je finis en vous embrassant tous du plus profond de mon cœur et je suis pour la vie vostre fils.

Jean LÉGARRÉ,
Soldat.

« Voici mon adresse :

« Au citoyen Legarré, soldast, à la 7ᵉ compagnie dus 3ᵐᵉ bataillon de la 24ᵐᵉ 1/2 brigade d'infanterie de ligne, en garnisson à Milan ; armée d'Itallie. Et à Millan.

« Comme le port dais lettre aist fort cher, je vous prie d'afranchir la lettre que vous voudré bien m'envoyer pour servir de réponse à celle-cy. Adieu ».

Lorsque Légaré écrivait cette lettre, il commencait, à vingt-deux ans, sa quatrième campagne. Parti depuis cinq ans de son pays, poussé depuis lors de frontière en frontière, de combats en combats, attiré par l'espoir des conquêtes nouvelles et la promesse de fructueuses victoires, il devait avoir perdu tout désir de venir reprendre au village le cours tranquille des travaux champêtres.

Or depuis son arrivée en Italie, la 24ᵉ demi-brigade semblait vouée à l'inactivité. Jusqu'en octobre 1798 elle ne participa à aucune affaire sérieuse. A ce moment les deux premiers bataillons furent placés à la 6ᵉ division qui occupait Brescia ; le troisième, dont Légaré avait fait partie, se rendit à Alexaudrie. Mais Légaré, depuis le 17 août, était sur les contrôles mentionné comme déserteur.

Il était passé en Egypte. Ébloui sans doute par la gloire de Bonaparte et l'espoir de quelque galon, il s'était engagé à la 85ᵉ demi-brigade dont le 3ᵉ bataillon (à la 4ᵉ compagnie duquel il fut incorporé) occupait depuis le début du mois la garnison du Caire.

S'il était venu chercher des combats, son attente fut trompée. Durant en effet que les deux premiers bataillons de la 85ᵉ participaient à l'expédition de Syrie, le troisième demeura au Caire où ils le retrouvèrent le 14 juin 1799. Mais à peine étaient-ils rentrés qu'une action très vive s'engagea sur le littoral. Le 11 juillet la flotte turque débarquant près d'Alexandrie en occupait rapidement le fort et le village. Le 25, Bonaparte rassemblait les portions disponibles de son armée et livrait aux Turcs un assaut terrible, repoussant à la mer ceux qui échappaient au carnage.

La 85ᵉ ne prit pas part à cette journée. Installée à Salahieh, elle surveillait les approvisionnements des ports voisins. Seul un petit détachement du 3ᵉ bataillon — dont précisément la 4ᵉ compagnie —, installé dans une redoute, subit une attaque extrêmement violente. Les Turcs envahissaient déjà la redoute « lorsque le fusilier Légaré, né à Magny, restant seul des défenseurs qui avaient succombé en combattant jusqu'à la dernière extrémité et voyant que la redoute allait tomber au pouvoir de l'ennemi, mit le feu à la poudrière et se fit sauter, ensevelissant avec lui les Turcs qui s'y étaient précipités ». (1).

Ainsi mourut ce brave garçon. Une note brève et erronée, recueillie par Morellet au t. II de l'*Album du Nivernais*, (2) et par M. V. Gueneau dans son *Dictionnaire Biographique* ; une mention sous un nom fautif dans un mauvais petit historique du 85ᵉ (3),

----

(1) E. Sage. *Historique du 85ᵉ*, p. 278. Je n'ai pas accepté ce récit sans hésitation. Il se situe mal dans l'action générale qui marqua la journée du 25 juillet et qui consista, tout au contraire, à chasser les Turcs d'une redoute qu'ils avaient conquise le 17. J'ai songé qu'une erreur dans le souvenir des rédacteurs des contrôles de la 85ᵉ aurait pu placer à la date du 25 ce qui se serait passé le 17. Mais l'erreur est inadmissible. Le Registre des soldats morts en Egypte, établi d'après ces contrôles au commencement du xixᵉ siècle, mentionne à la même date du 25 juillet la mort de *54* hommes appartenant au 3ᵉ bataillon de la 85ᵉ demi-brigade. (Parmi eux, comme on le verra par le tableau publié en appendice, il y avait 4 Nivernais : Perreau de Nevers, Légaré de Magny, Refatin, de Nevers, sergent, et Picaret, de Château-Chinon, caporal). Le récit du capitaine E. Sage écrit d'après les archives du régiment, correspond trop avec ces pièces officielles pour que je puisse le mettre en suspicion. Evidemment le fait d'armes où s'est distingué Jean Légaré a eu pour théâtre quelque redoute éloignée du centre de l'action ; n'ayant pas trouvé dans l'excellent ouvrage de M. La Jonquière mention du 3ᵉ bataillon de la 85ᵉ dans les troupes utilisées à la reprise d'Aboukir, je n'ai pu situer avec précision le lieu de ce fait d'armes.

(2) *Album du Nivernais*, t. II, p. 240. Morellet donne à la mort de Légaré la date du 14 fructidor an VII. C'est la date de la prise de possession par Kléber du commandement de l'armée d'Orient. Il avait dû recueillir une tradition encore vivante à Magny en 1840, date de parution de l'*Album*. Mais lorsque M. V. Gueneau, en 1899, voulut ajouter quelque précision à cette note, la tradition s'était complètement éteinte et il ne put que reproduire les deux lignes de l'*Album*.

(3) Le colonel Robert (*Historique du 85ᵉ*) mentionne bien le fait à la date du 25 juillet mais il le met au compte d'un fusilier nommé *Legran*. C'est évidemment une faute de lecture pour *Légaré*.

tels sont les seuls souvenirs dont il aurait laissé trace si la tendre piété de quelqu'un de mes ancêtres — son frère ou sa sœur — n'eût conservé une de ses lettres, la dernière peut-être, parmi les reliques familiales. C'est cette lettre, d'une si confiante jeunesse et d'une si touchante naïveté qui, en m'inspirant le désir de retrouver quelques renseignements sur son auteur, m'a mis sur le chemin du courageux volontaire de 93.

Paul CORNU.

Appendice

Les recherches que j'ai dû faire dans le *Registre contenant les noms des hommes morts dans les corps et administration de l'armée d'Orient depuis le départ d'Europe jusqu'au 1er vendémiaire an IX* (Arch. adm. du Ministère de la Guerre. Manuscrit in-fol. H 9 2), m'ont permis de relever les noms suivants des soldats nivernais tués pendant la campagne d'Egypte (1) :

CORPS	NOM & LIEU DE NAISSANCE	DATE, LIEU ET GENRE DE LA MORT
13e demi-brigade	DADIN, de Nevers, lieutenant.	Mort de la peste à Jaffa, le 2 floréal an VII.
25e demi-brigade	DRÉ Pierre de Lormes, caporal.	Tué le 16 frimaire an VII devant Acre.
—	DROIT, de Corbigny.	Cru mort. Rayé depuis vendémiaire an IV.
61e demi-brigade	LOSDAT Gabriel, de St-Privé [sic].	Blessé le 30 thermidor an VII à Aboukir.
—	CŒUR Ant., de Tronges [Tron-sanges ?].	Mort de la peste le 22 floréal an VII à Alexandrie.
—	GUIBERT, de St-Sylvain [sic].	Mort de maladie le 10 prairial an VII.
69e demi-brigade	GAUTRON Etienne, de Nain [sic], lieutenant.	Tué devant Acre le 12 floréal an VII.
—	FILET J. de Langres [Lange-ron ?].	Tue devant Acre le 24 floréal an VII.
—	C. DE MONVOISIN, de Causse [Cosne ?], sergent.	Mort de la peste le 14 prairial an VIII à Alexandrie.
75e demi-brigade	BROUSSILLON Maurice, de Saint-Martin.	Blessé le 21 pluviôse an VII à Essarich.
—	CLIANT J. de Barbretier [sic].	Blessé le 21 frimaire an VII devant Acre.
—	RAISIN J., de Nolay.	Cru mort en vendémiaire an IV au Caire.
—	GEOFFROY Ch., de Nolay.	Cru mort devant Lerbek.
85e demi-brigade	BLANCHARD J., de Nevers.	Mort de maladie au Caire le 18 messidor an VI.
—	GOUZON A., de Nevers, caporal.	Tué au combat de Noval le 11 thermidor an VI.
—	PLù Augustin, de Donzy.	*Ibid.*
—	HOUDIN Pierre, de Clamecy.	Tué le 18 messidor an VI à Alexandrie.
—	CORBIN V., de Nevers, caporal.	Mort de la peste le 1er pluviôse an VII à Alexandrie.

------

(1) Les lieux d'origine sont souvent fantaisistes, mais il n'y faut voir que des erreurs de scribe ; la mention du département porte bien toujours *Nièvre*.

On remarquera que la 85e demi-brigade fournit beaucoup plus de noms de Nivernais que les autres. C'est qu'elle avait été formée, le 1er messidor an IV, avec le bataillon de la Nièvre qui appartenait auparavant à la 104e demi-brigade *(Contrôles de la 85e; 1er volume, Arch. adm. Guerre)*. La 85e demi-brigade est devenue le 85e régiment d'infanterie de ligne qui, précisément, est aujourd'hui caserné dans la Nièvre, à Cosne-sur-Loire.

Je note enfin, à titre de curiosité, que le « 85e rang » fut occupé, de 1684 à 1679, par un régiment qui portait le titre de Nivernois. (E. Sage. *Historique*).

CORPS	NOM & LIEU DE NAISSANCE	DATE, LIEU ET GENRE DE LA MORT
—	Ducret, de Nevers, sergent.	Tué à Ellarich le 21 pluviôse an VII.
—	Panetier Louis, de Ravault.	Ibid.
—	Daligny, de Cosne, adjudant.	Mort de la peste à Césarée le 2 prairial an VII.
—	Chanlu Jacques, de Sauloy. caporal.	Mort de la peste à Caïphas le 1er prairial an VII.
—	Tournay G., de Vandenesse.	Tué le 19 prairial an VII devant Acre.
—	Dureau G., de Marcy, caporal.	Tué le 27 prairial an VII devant Acre.
—	Duplessis Antoine, de Pougues.	Blessé le 13 prairial an VII devant Acre.
—	Bordereau J., d'Abrencau.	Mort de la peste à Jafa le 13 prairial an VII.
—	Soty, de Saint-Pierre.	Tué devant Acre le 30 prairial an VII.
—	Berthin J., de Moulins-Engilbert, sergent.	Mort de la peste à Caïphas le 1er prairial an VII.
—	Butin P., de Moulins-Engilbert.	Mort de maladie à Gaza le 12 prairial an VII.
—	Francielle de Clamecy, serg'.	Tué devant Acre le 27 prairial an VII.
—	Rigoulet J., de Moulins-Engilbert, caporal.	Blessé à Gaza le 30 ventôse an VII.
—	Roy J., de Clamecy, caporal.	Mort de maladie devant Acre le 26 prairial an VII.
—	Passeneau J., tambour, de La Charité.	Ibid.
—	Vée P., de Donzy, caporal.	Mort de maladie au Caire le 1er messidor an VII.
—	Meunier F., de Corbigny.	Mort d'accident au Caire le 1er messidor an VII.
85e demi-brigade	Bertrand C., de Nevers.	Tué devant Acre le 18 floréal an VII.
—	Garnier Nicolas, de St-Pierre.	Tué devant Acre le 19 floréal an VII.
—	Trepier, de Pouilly, sergent.	Mort de la peste à Alexandrie le 28 pluviôse an VII.
—	Perreau, de Nevers.	Tué à Aboukir le 7 thermidor an VII.
—	Légaré, de Magny.	Ibid.
—	Refatin C., de Nevers, sergent.	Ibid.
—	Picaret J., de Château-Chinon, caporal.	Ibid.
—	Allan S., de Cosne, caporal.	Blessé le 4 thermidor an VII à Damiette.
—	Exière N., de Clamecy.	Mort de maladie au Caire le 13 ventôse an VIII.
—	Roy J., de Donzy.	Mort de maladie au Caire le 15 messidor an VIII.
—	Talbray F., de La Charité.	Tué dans la Haute-Egypte le 15 fructidor an VII.
—	Doussois P., de La Marche.	Blessé à Dgirgeh le 2 fructidor an VII.
Service de santé	Fournier J., de La Celle.	Tué le 38 prairial an VIII au siège du Caire.
21e demi-brigade	Auriol J.-F., de Dornes, médec.	Mort de la peste à Jafa en germinal an VII.
d'inf. légère	Trocquet F., de Donzy.	Tué à Benouth le 20 ventôse an VII.
—	Trinquet Léonard, d'Arleuf.	Mort de maladie au Caire dans l'an VII.
—	Bucheton Jean, de La Chapelle-Saint-André.	Tué au Caire le 29 germinal an VIII.

DU MÊME AUTEUR

ÉTUDES NIVERNAISES

Mémoires de la Société académique du Nivernais :

1re série, tome XII (1904) *Histoire religieuse de la paroisse d'Alligny, près Cosne (Nièvre) (1789-1807)*. Tiré à part, 40 p. in-4º.

1re série, t. XIII (1905). *La création, à Nevers, de la douzième manufacture de faïence, dite « Manufacture royale » (1755)*, pp. 48-58.

2e série, t. I (1907). *Le duc de Nevers et le trésorier de Champagne Le Jau (1613-1614)*. Tiré à part, 24 p. in-8º.

2e série, t. II (1908). *Quelques recherches sur Claude Tillier*. Tiré à part, 32 p. in-8º.

2e série, t. II (1908). *Nouvelles recherches sur Claude Tillier*. Tiré à part, 32 p. in-8º.

2e série, t. II, 1909. *Claude Tillier au service militaire*, 2 p.

2e série, t. II (1909). *Un Volontaire de 93. Jean Légaré, de Magny (Nièvre)*. Tiré à part, 12 p. in-8º.

Bulletin de la Société scientifique et artistique de Clamecy :

Nouvelle série, nº 3, 1907. *Bias Parent, maire de Rix*. Tiré à part, 16 p. in-8º.

Nouvelle série, nº 4, 1908. *Notes et Documents relatifs à l'élection de Clamecy (XVIe-XVIIe siècles)*. Tiré à part, 54 p. in-8º.

Les Faïences Nivernaises (conférences de *l'Art pour Tous*, publiées par Louis Lumet). Paris, Cornély, 1904, in-8º, pp. 210-229.

Etude sur les forêts du Nivernais, particulièrement du XVe à la fin du XVIIIe siècles. (Extrait des *Positions des thèses des Élèves de l'Ecole des Chartes*, promotion de 1906). Toulouse, 1906, in-8º, pp. 69-74.

Jean Bodin de Montguichet (*Revue de l'Anjou*, nouvelle série, t. LIV, 1907, pp. 109-111.